TRANSE

PAR LAURA RIVER

Arène

Arène, arène,

Soleil de sperme,

Gouffre, immondice de ton éden,

Les roseaux boivent les bavures de ces
chers barons qui les enlacent,

Les fenaisons, moissons des cierges de
l'espace,

Je rôde dans les corridors de tes lianes,

Je nage dans les sillons de tes veines que
l'ange damne,

Le couvre-feu des lunes pleines,

Les troubadours, les tourbillons du
blasphème,

Dans les douves des urnes pâles,

Dans le gouffre de ton gosier,

L'abime des cathédrales,

Entends-tu le ciel hanté de mon râle,

Entends mes prières carotide des fées,

Lave-moi, lave moi,

Folle ivresse des morts subites,

Mine de tes sphères, gouffre sans pépites,

Brûle moi, sorcière, avant que je ne
ressuscite.

Bouches avides

J'ai cousu tant de lèvres pour noyer le néant,

Mais tant de noyés ont ressuscité devant le spectre des vivants,

Les tables ont tourné, les mains ont écrit des mots qu'elles ne savaient,

J'ai épousé tant d'amants qui ont béni la virginité de mon souffle,

J'ai vécu tant d'unions ou la chair s'évanouit,

Les boucles des anges, les baptêmes de l'archange,

Que d'étoiles ont coulé de ma bouche,

Que de tempêtes ont pétri la dune éblouie,

Dans le pétrin de l'immense univers,

Dans les trous noirs, dans les comètes, les pluies d'astéroïdes,

Suis-je de ce cosmos, la rosace des sables, l'iris des déserts,

Ou seulement de l'infini, la violence de l'infanticide ?

Aliénation de nos torpeurs,

Elle injecte son venin goutte à goutte du gouffre de ses haut-parleurs,

Dans ton crane de cristal, elle pénètre comme l'inquisiteur,

Elle est sourde et muette et son œil ne voit rien,

Elle est l'aveugle impassible qui se glisse jusqu'au fond de tes reins,

Son âme, perdue dans les houles des hanses avides,

Son sourire dessiné au crayon qui efface les destins,

L'incommensurable s'arrête dans les lignes de sa main,

Ses cheveux si avides d'étoiles,

Ses os si pauvres de moelle,

L'espèce impavide grouille en elle,

Dressant des gouffres et des citadelles,

Elle n'a jamais connu le jardin,

Le jardin qui t'a vu naître au creux de son
sein,

Les visions qui t'ont allaité,

Les albatros de tes rêves, les ivresses
d'éternité.

A pas de loup je me glisserai dans ton
estuaire

Griffer ta peau de nos morsures de naguère.

Danse du scalp, réducteur de têtes,

Arracheur de dents, sculpteur d'ivoire,

Rendez leur gloire aux éléphants,

Redresseur de tort,

Ils apaiseront la colère des cieux de leur sang,

L'épée de Damoclès, nombril du monde,

Que de leur charnier, se relève le jardin,

Corolles sidérales, dentelle du premier matin.

A ton oreille le siphon claironne les
partitions des hélicoptères,

Les rideaux se referment sur les alchimies
du metteur en scène,

A l'agonie, le chacal t'implore de
comprendre l'algèbre des planètes sans
repères,

Les calendriers millénaires, la chute de
l'ange et et les sonates de tes chaînes.

L'or impavide tisse ses joyaux à ton âme,

Agneau sacrifié aux couronnes infernales,

Le soupir du déluge,

Les miroirs de ses ruses,

Le renard court la foret de tes méandres,

Au fond de ton absence saura –t-il t e
surprendre,

Tu voles sa peau et irrigues ton cerveau de
son sang,

La marque de tes dents sur le sommier des
cercles brûlants.

Damné par les soleils hantés,

Des vitraux sortent des escarmouches,

Damné par l'usure des temps

J'irai noyer les comètes au feu du firmament,

Mes pas ne me porteront plus,

Et plus las que le temps,

Je me laisserai glisser au vent,

Déportée comme un ballot dans les ports du commencement,

Je rejoindrai l'étincelle première,

Je serai. le fleuve qui devient ouragan,

Las des guerres,

Anéanti par les prières,

Je m'abandonnerai aux vers,

Quand mon âme elle miroitera des visions
de l'éther.

Cascade, cascade,

Je connais ton nom,

Tu es le fouet des dieux et leurs vibrations

Il y a bien longtemps j'ai connu la violence
des averses d'eaux vives,

Tu as réveillé en mon âme l'instinct fauve,
l'aube primitive,

Depuis lors tes cataractes inondent les
canyons de mon esprit,

Capture des pistes de sable, le crible de tes
balles,

J'entends au fond de mon corps ton
martellement animal,

Celui qui fait de l'homme la bête tapis dans
l'aube primale,

Tambours, sueurs, chutes de firmament,

Tu réveilles en moi l'être sidéral,

Né d'une seule nation, bruit de talon, sacre de ton chant,

La bravoure du guerrier, glissant comme la couleuvre dans ton lit nuptial

Dimensions, villages, tribus,

Peuple assiégé par l'ozone,

Te voilà pris dans les illuminations du cyclone,

Danse cannibale, bible jetée aux orties,

Les enfants crient le cataclysme des déserts,

Tympan troué par la musique des sphincters,

Balbutiements dans les bouches pleine d'opium,

Menace, angoisse, brouilleur des métronomes,

Bouffée de fumée ou danse le tigre,

Il griffe ma chair de son sacre terrible,

Hiroshima de mon cœur, agonie de mes chromosomes,

Il réinvente dans son délire la poudre, l'atome.

Guet-apens des soleils brulants,

Le fou danse en dormant,

Traque des transes mediums, ivresse delirium,

Alerte à la bombe,

Rebours des secondes.

Cortège, ascension, manège sans torpeur,

Dans ton sein de velours la chimie du violeur,

Vol, gouffre noir, baigne-toi au vin des sources sans heurts,

Chasse les esprits des vagabonds du premier mensonge,

Me retrouveras-tu au milieu de la transe de leurs songes,

Éponge mon front de la brûlure de tes nuits blanches,

Enlève les aiguilles des médecines aux dimensions étanches,

Griffe-toi à mon épine,

Retrouvons la folle danse des fièvres assassines,

Licorne de feu, éphédrine,

Je viendrais à toi dans le sommeil   de tes rames,

Je viendrai caresser ton âme de la plume des serments de mon étoile,

Ne doute pas de ma venue dans la brume incertaine,

Tourments, torture, souiller d'éden,

Je viendrai effacer les filigranes des insomnies sans demeure,

Dans le prélude de l'aube, tourbillon des folles blancheurs,

Cacophonie vision, ablution de l'éclaireur,

Rois mages, soldats de feu,

Dans la harpe des vents nous venons baptiser le front du dormeur,

Messie des hautes sphères, combien de chandelles te hantent,

Le rire, le fou, les âmes voyantes,

Au chevet des souveraines, pharaonne de nos amphores,

Dans ta bouche coule les cascades de nos sésames

 L'infusion des nations des passeurs de l'aurore et les constellations de nos flammes.

Attrapeur de rêve,

Inspiration qui tisse ta toile,

De ton doigt l'aube dévale,

Viens toucher mon front,

Laver mon antre de tes haillons,

Mendiant des terres sans conspirations,

Que de mon ventre découlent les ciels
d'ablution,

J'attends, j'entends ton pardon,

Enleve mes doutes, et les tentations,

Que de ta bouche coule dans la mienne,

La rivière de tes vins constellations,

Appel,

Appel,

Entends-tu mon appel,

Dans mes dieux passés, citadelles,

Dans ton rêve futur,

Les festins de nos fêtes sans sommeil,

Fumée, monte la fumée,

La montagne,

Sentier de dieu, danse de feu,

Passe à mon doigt l'anneau sans adieu,

Araignée qui tisse sa toile,

Dans le cratère ébloui de notre gigue
nuptiale.

Ame jumelle amante de sorcellerie

Que te flemme vienne danser dans la foret
de ces vies

Chercher le requiem aux partitions qui
hantent tes prunelles.

Je me délivre de ta voix,

J'entends les sons qu'elle ne connaît pas

Je suis la dormeuse prisonnière de la foret
de tes bois,

La neige coule de mon front comme la
sueur des damnées,

Je suis l'ange déchu, l'agneau des
communions assassinées,

Je danse sur le plancher de leur souillure la
foule de tes opéras,

Je décrypte les signes des silences de tes
possessions de mon aura,

Je suis la jumelle par laquelle tu transpires
tes serments d'au-delà,

Tu me tapisses de la foret de tes songes,

Elle va ou tous s'allongent,

Endors, endors-la,

Conduis la fausse reine au sommeil,

Ou soupire le pâtre des contrées de soleil,

Renferme la boite de pandore de tes mandalas,

Doucement elle 'en va dans les pays d'où l'on ne revient pas,

Loin est l'Arden de son cœur,

Âme sans lueur, corbeau de l'horreur,

Vient chanter au fond des gouffres des lunes sans demeure.

Je suis là, me voilà soulevant le poids de ton enclume,

Tu me captives de tes transes,

Tu me violes de tes convulsions intenses,

De l'éternité de ta plume,

Voie lactée de tes soleils,

Presqu'île, étalon de tes sentinelles,

Je cabre les sérails de tes rêves sans réveil,

J'ondule, je me glisse dans la peau reptile de l'éternel,

Je transpire les danses de tes tressaillements de lumière,

La palme de mon nom vient border les marées de ton ciel,

Je brode les parures de ton destin,

Des tapisseries sans écrin,

Je suis le gardien de tes ritournelles,

Peints mon visage des sacres de l'eau
féconde de tes danses,

Délave ma chair de l'écume brumeuse de
tes lances,

Je suis ton esclave, je suis ton soldat,

Je suis ton ange hors la loi,

J'hante tes vies antérieures,

Je suis l'aérien, l'éclipse sans demeure,

Je suis la terre dans laquelle tu te roules,

Je suis le sable dont les constellations
découlent,

Je suis ta chute, ta cascade,

Je rattrape de mon vol la nuit de tes
noyades,

Je suis ton âme jumelle,

Je suis la confiance sans appel,

Je suis ton satellite, je suis dans le gouffre
ton étincelle

Les vautours m'entourent de leur miroir,

Danse chérubin , ange, âme de mon soir,

Viens écrire sur ma main les lignes sans fins,

Testament de nos nouveaux chemins dans la fumée de mon sein,

Viens pénétrer mon onde de tes reflets d'argent,

Rivière, tout au long de mon âme me serpentant,

Marécages, des nouveaux mondes forains,

Âme gitane, cape indienne,

De mon œil coule ta fontaine,

Dans ton iris vogue les barques égyptiennes,

Berce-moi berce moi,

Parle-moi a l'oreille,

Viens me réveiller des songes sans sommeil,

Nos rencontres astrales, nos serments divins,

J'attends, j'attends ton réveil,

A l'aube de la nouvelle Eve noyée dans ta bouteille,

Je suis ton sentier, je suis ton éveil,

Je suis de ton foyer la sentinelle,

Je suis ton rayon, ta citadelle,

Lave mes veines,

Viol de cérumen ,

or du soleil,

J'attends ton baptême,

Blasphème, bataille, chrysanthème,

Je me relève au jour de ton diadème,

Prince des contrées éternelles,

Je bois le ciel qui coule de ton oreille,

Enfant de dieu,

Ange des cieux,

Viens redorer de tes rayons la couronne de ton éden,

J'attends, j'attends

J'entends ton signal,

Plume, lune, dédale,

Nouveau jour des contrées sidérales

Le serpent d'or tisse sa toile,

Araignée , voleur de voile,

L'oracle, le soleil et sa moelle,

Mords sa chair,

Capteur d'univers,

Délivre-moi de la vérité première

Toi mon nouveau-né mon rêve blême,

De l'armes et d'amen d'usure et d'éden,

A jamais sache que je t'aime

Volutes, fumée, réacteur,

Enfant vaudou, interdites liqueurs,

Pluie de météore, fenêtre, géant d'or

Défais les nœuds qui cousent ton corps,

Rameur, passeur d'étoile,

Le feu, l'ange, le Graal,

Laisse rentrer le soleil dans ta toile,

Endors toi dans les méandres des fils d'or
de son râle.

Donne-moi quelques gorgées

Encore quelques gorgées de ta honte

Avant que le rayon ne t'inonde

Que les   sacrifices fécondent au fonds des
voluptés le joyau violé,

Et les runes me prédisent le démantèlement
de tes bises,

Et les runes t assomment des   vins qui
poétisent,

Éternel enlacement,

Étoiles lassées des mers qui la contredisent,

Je te marbreraisde mon fouet,

Toi l'aveugle du cercle indien, toi l'antidote
de l'instinct.

Orphée, muse, prodige,

Les vénéneuses se pendent avec leur tige,

Glissements de terrains, alluvions
diluviennes,

Cordon ombilical, les chirurgiens de l'onde
spatial,

Opération à cœur ouvert, organe palpitant
de la terre,

Ton âme qui tremble dans mes mains
pleines du sang de leur massacre,

Destruction du temple, tremblement de tes
mains pleines de sable,

Cascades de tes vertiges jusqu'à la cité
promise,

Allées et venues des pendus dans tes
corridors,

Le ventre des gargouilles,

La déconvenue de nos Iliade.

Dans ta bouche cascade des siècles,

Plume de ton joyau,

Apparition , séduction,

Danse lacrymale,

Je sens ta constellation se mélanger à la mienne,

L'œuvre de Dieu,

 La fusion des amen,

Phoenix renaissant de la nuit de tes mille morts,

Tu   tisses dans mon âme, la paix d'une gloire sans aurore.

Les océans tourbillonnent dans les lignes de
sa main,

Ils réinventent l'embryon astral,la chaleur
de son sein,

Je pleure les averses des amazones,

Les moissons me noient dans le solstice de
son trône,

Le balancement des courtisanes,

le ciel sous cellophane,

Les fausses parures, les nuits qui voilent
ton naufrage,

L'artifice de ces empires accouchés de tes
sillages,

Tu pares son ombre des illusions   sans
contour,

Tu propages en son ventre l'infini du détour
,
Sa tiédeur, sa fadeur ,

Orgie des amants sans faveur,

Confusion des soleils et des atomes ,

Amnésie des fusions d'infini dans la pâleur
de sa paume,

Dans le siphon des comètes, dans l'étreinte
des peut être,

Vient te hanter la certitude de l'union sans
silhouette.

L'ange

Tu dilates mes pupilles,

Vaisseaux, charniers de mes exils,

Fusion des mages,

Chantiers, royaumes,naufrages,

L'ange t'accouche au fond de ses noyades,

Des calendriers, des millénaires,des
croisades,

Donne-moi ta chaleur mon étoile bergère,

Inonde moi de soleil ,d'amnésie de rivière,

Calumet de la paix, la croix, le nouveau né,

Sous le signe du poisson, voyant de
l'éternité,

Hybride de Chronos et D'Eros,

Souffle versatile du cosmos,

Plume fragile qui frôle les moissons du
silence,

Flot luminescent des visions d'immanence,

Ecume lancinante, relent des laves de
mouvance .

De substance en substance,

De souillures en jouissance,

J'exhale les haleines des béances avides,

Je prie le ciel qui coupera ma carotide,

J'embrasse les lèvres pleines et les bouches avides,

Du gouffre de mon souffle ,

De mes iris ou ondule le balai des sylphides,

Des marées solaires qui à jamais m'éclaboussent,

Je me baigne dans la foule, dans la folie des vents,

J'ondule comme le miroir de chaque élément,

Je m'emplis des fusions qui ne se nomment,

Qui nous mêlent à l'union d'avant le commencement,

Je chante comme la sirène,

Je séduis lles naufragés que j'hypnotise du pouvoir de mes sens,

Je coule leur bateau, j'emplis leur âme de mon omniscience,

Je suis le Diable et je suis sa démence,

La clairvoyance de Dieu et les sentiers de l'Éden.

© 2021, River, Laura
Edition : Books on Demand,
12/14 rond-Point des Champs-Elysées, 75008 Paris
Impression : BoD - Books on Demand, Norderstedt, Allemagne
ISBN : 9782322200979
Dépôt légal : avril 2021

FSC

www.fsc.org

MIXTE

Papier issu
de sources
responsables
Paper from
responsible sources

FSC® C105338